그림으로 보는 로마 이야기

초판 1쇄 발행 2024년 2월 10일

글 김일옥 | **그림** 홍연시 | **감수** 정기문

발행인 오형석
편집장 이미현 | **편집** 정은혜 | **디자인** 이희승
발행처 (주)계림북스
신고번호 제2012-000204호 | **등록일자** 2000년 5월 22일
주소 서울시 마포구 창전로 74 여촌빌딩 3층
대표전화 (02)7079-900 | **팩스** (02)7079-956
도서문의 (02)7079-913
홈페이지 www.kyelimbook.com

ⓒ계림북스, 2024
이 책에 실린 글과 그림, 사진의 무단 전재나 복제를 금합니다.

ISBN 978-89-533-3548-6 74920 | 978-89-533-3547-9(세트)

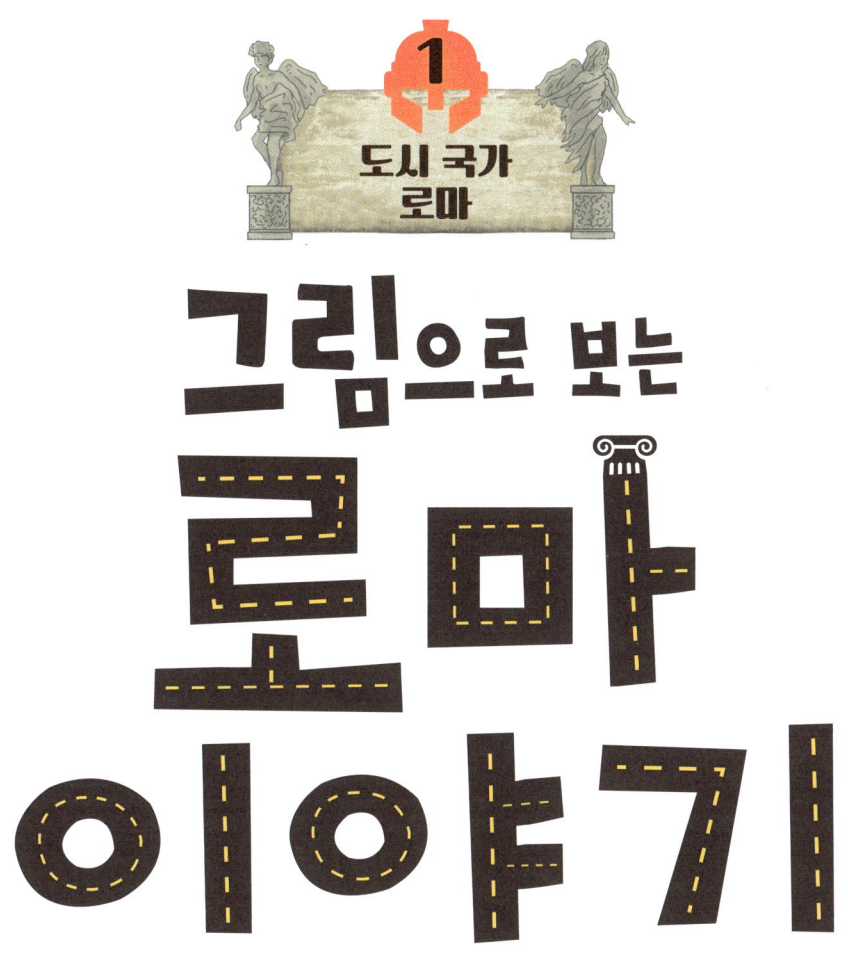

그림으로 보는 로마 이야기

1 도시 국가 로마

글 김일옥 | 그림 홍연시 | 감수 정기문

계림북스
kyelimbooks

들어가는 말

왜 모든 길은 로마로 통한다고 했을까요?

'모든 길은 로마로 통한다'라는 말이 있어요. 실제로 로마인들이 유럽과 아프리카로 나아가는 길을 만들었고, 그 길로 많은 물자와 문화가 오고 갔답니다. 그러나 오늘날에는 어떤 분야든 로마처럼 중심이 되는 사람이나 장소 등이 있다는 뜻으로 쓰이지요. 세계사에서 로마의 역사가 미치는 영향도 그러하답니다. 로마인들이 만든 그 길을 따라가면 세계 여러 나라로 갈 수 있었던 것처럼 로마인들의 이야기를 살펴보면 많은 것을 알 수 있어요.

  정치, 법률, 경제, 문화, 예술, 건축 등 모든 일에는 역사가 있어요. 왜 이런 일이 생겨났는지, 왜 이런 제도를 만들었는지 역사를 보면 쉽게 이해할 수 있답니다. 또한 새로운 문제를 풀 수 있는 실마리를 알려 주기도 하지요.

  아주 오래전 로마 사람들의 이야기이지만, 가끔씩 오늘날의 우리 모습과 너무 비슷해서 깜짝 놀랄 때도 있었어요. 우리가 어떤 해답을 찾아야 할 때 〈그림으로 보는 로마 이야기〉가 도움이 될 거예요. 그럼 우리 함께 재미있는 로마인들의 이야기 속으로 들어가 볼까요?

김일옥

차례

로마는 어떤 나라인가?

- 모든 길은 로마로 통한다 ······ 12
  - 이천 년의 역사를 가진 나라, 로마
  - 튼튼한 도로를 만들었어요
  - 지금까지도 이어지는 로마의 문화
  - 아파트와 수영장도 있었어요
  - 수도교와 트레비 분수를 만들었어요

로마 이야기 배움터 ······ 22
로마와 테베레강

  - 목욕을 즐긴 로마인들
  - 콜로세움에서 경기를 즐겼어요

- 로마는 하루아침에 세워지지 않았다 ······ 28
  - 공화정의 전통을 만들었어요
  - 오늘날까지 이어지는 로마의 축제
  - 신들이 사는 집, 판테온
  - 다양한 동방의 종교가 로마로 들어왔어요
  - 로마의 국교가 된 크리스트교

- 로마에 가면 로마법을 따르라 ······ 38
  - 로마 공화정을 이끌어 낸 12표법
  - 귀족과 평민의 차별이 없어진 호르텐시우스법
  - 모든 사람에게 적용된 〈유스티니아누스 법전〉

로마 이야기 놀이터 ······ 44
상상하여 그리기

신화를 넘어 역사 시대로

- 이탈리아반도로 돌아온 아이네이아스 ······ 48
  - 트로이를 떠나 새로운 나라를 세워라!
  - 라비니움을 건설한 아이네이아스
  - 알바롱가의 왕이 된 아이네이아스의 아들
  - 늑대 젖을 먹고 자란 로물루스와 레무스

로마 왕정 시대

로마 이야기 배움터 ·········· 56
베스타 신전의 신성한 불

- 어머니의 복수를 한 로물루스와 레무스
- 팔라티노 언덕에 자리를 잡은 로물루스

• **로물루스가 로마를 세우다** ·········· 62

- 로마의 왕이 된 로물루스
- 원로원과 민회를 만들었어요

로마 이야기 배움터 ·········· 66
가부장적인 로마 사회

- 카피톨리노 언덕으로 오라!
- 사비니 여인들을 약탈해 왔어요
- 사비니 여인들이 전쟁을 멈추게 했어요
- 사비니와 결합하여 더 큰 도시 국가가 되었어요
- 로마의 시민권을 나눠 주었어요

로마 이야기 놀이터 ·········· 78
순서대로 번호 쓰고 이야기 만들기

• **사회 질서를 잡은 누마 왕** ·········· 82

- 로마의 왕이 된 누마 폼필리우스
- 야누스 신전을 지었어요
- 열두 달 달력을 만들었어요
- 분열된 로마를 조합으로 통합했어요

로마 이야기 배움터 ·········· 90
로마에 그리스 신화가 들어왔어요

• **알바롱가를 통합한 툴루스 왕** ·········· 92

- 툴루스 왕이 권력을 이어받았어요
- 알바롱가와 전쟁을 했어요
- 호라티우스 가문의 비극이 된 결투
- 신들은 죄를 싫어하시니 용서를 구하라
- 알바롱가가 배신했어요
- 알바롱가가 모두 불탔어요
- 툴루스 왕이 죽었어요

에트루리아계의 로마 왕들

- **오스티아 항구를 건설한 안쿠스 왕** ······ 106
  - 원로원은 안쿠스를 왕으로 뽑았어요
  - 로마 사회가 안정되었어요
  - 안쿠스 왕이 선전 포고를 했어요
  - 수로 공사가 시작되었어요
  - 오스티아에 항구를 만들었어요
  - 왕의 신임을 받은 타르퀴니우스

  로마 이야기 배움터 ······ 118
  로마인들이 만든 도시

  로마 이야기 놀이터 ······ 120
  숨은그림찾기

- **발달된 문화를 들여온 타르퀴니우스 왕** ······ 124
  - 선거를 통해 로마의 왕이 되었어요
  - 정복한 도시의 시민을 노예로 삼았어요
  - 왕권의 상징과 화려한 개선식이 생겼어요

  로마 이야기 배움터 ······ 130
  에트루리아식으로 이름을 지은 로마인
  - 저지대가 포룸 로마눔으로 바뀌었어요
  - 유피테르 신전과 전차 경기장을 지었어요
  - 타르퀴니우스 왕이 암살되었어요

- **군대를 개혁한 세르비우스** ······ 138
  - 은근슬쩍 왕이 되었어요
  - 세르비우스 성벽을 세웠어요
  - 로마 시민들을 늘렸어요
  - 인구 조사를 바탕으로 군대를 개혁했어요
  - 부자에게는 더 많은 투표권을 주었어요
  - 원로원의 인정을 받지 못했어요

- 폭정을 일삼은 타르퀴니우스 2세 ········· 150
  - 거만한 타르퀴니우스가 독재를 휘둘렀어요
  - 배수로 공사와 신전 건축에 몰두했어요
  - 시민들의 불안과 공포를 전쟁으로 해결했어요
  - 전쟁이 길어졌어요

로마 이야기 놀이터 ················· 158
알맞은 것끼리 연결하기

공화정의 시작

- 거만한 타르퀴니우스의 독재를 무너뜨리다 ····· 162
  - 루크레티아가 복수를 부탁했어요
  - 로마 시민들이 무기를 들고 일어섰어요
  - 왕정은 사라지고 공화정이 세워졌어요
  - 올바른 법질서를 위해 아들을 처형했어요
  - 타르퀴니우스 2세를 물리쳤어요

로마 이야기 배움터 ················· 172
공화정을 세운 브루투스는 누구일까?

로마 이야기 놀이터 ················· 174
틀린 것 고르기

로마 이야기 놀이터 정답 ············· 176

〈부록〉 로마 제국 연표

로마는 오늘날 이탈리아의 수도이지요. 2천여 년 전 로마는 지중해에서 가장 힘이 센 나라였어요. 고대 그리스 문명을 이어받은 로마는 거대한 제국으로 성장했어요.
로마는 자기들이 점령한 지역의 문화도 적극적으로 수용하면서 함께 발전시켰지요.
고대 로마의 역사를 알면 서양의 세계사를 이해하는 데 큰 도움이 된답니다.

로마는 어떤 나라인가?

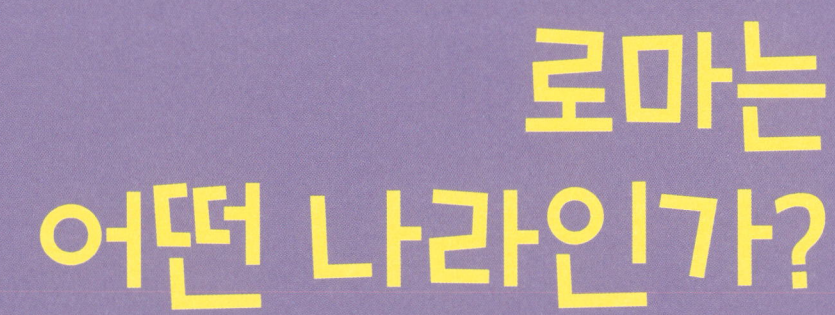

모든 길은 로마로 통한다

이천 년의 역사를 가진 나라, 로마

기원전 753년, 이탈리아반도의 테베레강 유역에 '로마'라는 작은 도시 국가가 생겨났어요. 로마는 이탈리아반도를 통일하고, 지중해를 넘어 소아시아와 아프리카, 유럽으로 영토를 넓혔지요. 당시 사람들은 그리스와 카르타고를 정복한 로마가 전 세계를 하나로 통일했다고 생각했어요. 지중해 세계가 문명의 중심지라고 여겼기 때문이지요.

로마는 어떤 나라인가?

로마는 유럽 문화의 기초가 될 뿐만 아니라 오늘날까지도 많은 영향을 주고 있어요. 395년, 로마는 넓은 영토를 효과적으로 통치하기 위해 동로마와 서로마로 분리했어요.

동로마는 동유럽 문화를, 서로마는 서유럽 문화를 만들어 나갔지요. 이후 서로마는 476년에 게르만족의 침입으로 역사 속으로 사라졌지만 동로마는 비잔티움 제국으로 천 년의 역사를 더 이어 가게 되지요.

튼튼한 도로를 만들었어요

로마는 많은 나라를 정복하여 큰 제국을 만들었어요. 오늘날과는 달리 교통과 통신이 발달하지 못한 옛날에 그 넓은 영토를 어떻게 관리했을까요? 로마와 점령한 지역을 이어 주는 크고 튼튼한 도로 덕분이에요. 잘 정비된 도로 덕에 좀 더 빠르게 소식이 전해졌고, 비상시에는 많은 군대가 빨리 이동할 수 있었지요. 점령지에서 거두어들인 세금, 상품, 사람들이 로마로 끊임없이 들어왔어요.

로마인들은 직선으로 길을 만들어야 한다고 생각했어요. 그래서 산에 굴을 뚫기도 하고 골짜기에는 다리를 놓기도 했어요.

가장 유명한 도로는 아피우스 가도★예요. 로마에서 처음 건설한 도로이지만 지금까지도 사용하고 있지요.

★**아피우스 가도** 로마와 이탈리아 남부의 카푸아를 이어 주는 길이었어요. 이집트나 그리스로 가려면 반드시 이 길을 거쳐야 했지요.

지금까지도 이어지는 로마의 문화

로마 제국은 오래전에 사라졌지만, 오늘날까지도 그 흔적이 남아 있어요. 여러분이 지금 읽고 있는 책도 로마의 발명품이에요. 옛날에는 대부분의 책이 두루마리 형태였지요. 두루마리는 둘둘 풀어서 펼쳐 보고, 읽고 나면 다시 말아야 했어요. 그런데 로마인들이 양피지의 한쪽 면을 실로 꿰맨 책을 만든 거예요. 그 덕분에 종이의 앞면과 뒷면에도 기록을 할 수 있었지요.

로마는 어떤 나라인가?

각 나라에서 발행하는 지폐나 동전에 위대한 인물의 얼굴을 새기는 것도 로마 이후에 생겨난 전통이랍니다. 동아시아에서는 왕의 얼굴을 새기는 걸 꺼렸지만, 서양에서는 화폐에 군주의 얼굴을 넣는 걸 좋아했어요. 뛰어난 인물의 업적을 널리 알리는 수단으로 동전을 이용했던 거예요.

아파트와 수영장도 있었어요

고대 로마는 로마 제국의 수도일 뿐만 아니라 세계의 중심 도시였지요. 점점 더 많은 사람이 로마로 들어왔어요. 많은 사람이 도시로 몰려들어 집 지을 공간이 부족해지자 로마 사람들은 집을 차곡차곡 쌓았어요. 오늘날의 아파트와 같은 인술라를 만든 거예요.

인술라는 서민들의 집단 거주지로 대략 5층인데, 가난할수록 높은 층에서 살았대요. 층이 높을수록 크기도 작고 수도도 없고, 화장실도 없었어요. 하지만 인술라는 인기가 아주 많아서 로마에 빈집이 하나도 없을 정도였지요.

로마인들이 만든 생활 시설 중에는 수영장도 있어요. 사람들이 강이나 호수가 아닌 수영장에서 수영을 즐길 수 있게 된 건 로마인들 덕분이에요.

로마는 어떤 나라인가?

수도교와 트레비 분수를 만들었어요

로마는 테베레강 바로 옆에 세워진 도시였지만, 도시에는 안정적인 물 공급이 필요했지요. 깨끗한 물을 얻기 위해 로마 사람들은 멀리서부터 물을 도시로 끌어와야 했어요. 물이 흐르는 수도관을 만들고, 수도관이 연결된 수로를 만들었어요. 대부분의 수로는 땅에 묻혀 있지만 때로는 계곡을 지나가야만 했지요. 그럴 때는 계곡의 깊이에 따라 1층이나 2층 또는 3층 아치 모양의 다리를 만들었는데, 이 다리를 '수도교'라고 해요. 로마 시내로 들어온 물은 저장해 두기보다는 계속해서 흐르게 했어요. 도시의 사람들은 수로와 연결된 분수에서 차고 맑은 물을 만날 수 있었어요.

도시

가장 유명한 분수는 트레비 분수이지요. 이 분수에 흐르는 물은 '처녀의 샘'에서부터 나온다고 해요. 목마른 로마의 병사에게 물이 솟아나는 샘이 어디에 있는지 처녀가 안내해 주었다고 해서 붙여진 이름이지요. 분수를 등지고 동전을 던지면 다시 로마로 돌아올 수 있다는 전설이 있어요.

트레비 분수

로마 이야기 배움터

로마와 테베레강

로마는 테베레강 덕분에 크게 발달할 수 있었어요. 고대 이탈리아반도에는 북쪽에는 에트루리아인들이, 중간 테베레강 유역에는 라틴인들이, 남쪽에는 그리스인들이 살았어요.

처음에는 북쪽의 에트루리아인들이 남쪽의 그리스인들과 교류하기 위해 테베레강을 넘나들었어요. 그러면서 로마에 많은 선진 문물과 기술을 전해 주었어요. 문자도 가르쳐 주고 금속, 가죽, 점토, 양털 등을 가공하는 기술도 가르쳐 주었지요. 땅을 개간하고 경작하는 농경 방법도 알려 주었어요.

이후 로마는 지중해로 나아갈 수 있는 테베레강 하구 오스티아에 항구를 만들었어요. 이탈리아반도에서의 교류도 활발해졌고, 지중해의 모든 상품이 오스티아 항구로 모여들었어요. 상품만 모여드는 게 아니라 사람, 기술, 문화가 따라 들어왔어요. 로마는 테베레강을 따라 들어온 모든 문화와 기술을 적극적으로 받아들여서 더욱 크게 성장할 수 있었어요.

목욕을 즐긴 로마인들

멋진 수로 덕분에 로마인들은 물을 아주 풍족하게 사용할 수 있었어요. 먹고 마시고 씻는 것뿐만 아니라 쓰레기를 치울 때도 물을 사용했어요. 하지만 집 안으로까지 수도관이 연결된 건 아니었어요. 대부분의 로마 사람들은 공중목욕탕에서 몸을 씻었어요.

로마는 어떤 나라인가?

로마인들은 공중목욕탕을 '로마 서민들의 궁전'이라고 불렀어요. 화려하고 멋진 모자이크와 조각상들로 장식되어 있었을 뿐만 아니라 목욕탕 안에는 각종 체육 시설과 미술관, 수영장 등이 있었으니까요.

도시 사람들이 대부분 이용하는 공중화장실은 돌로 된 긴 의자가 놓인 큰 방이었지요. 의자에 여러 개의 구멍이 뚫려 있었고, 그 아래로 물이 계속 흘러 하수도로 씻겨 내려갔어요.

콜로세움에서 경기를 즐겼어요

로마의 대표적인 건축물에는 콜로세움이 있어요. 흰 대리석과 황금으로 장식한 거대한 원형 극장이었어요. 검투사들 간의 결투, 사나운 맹수와 사람들의 격투 등을 볼 수 있었어요. 날이 더워지면 콜로세움에 장막이 돛처럼 펼쳐져서 천장을 덮을 수도 있었어요. 때로는 이 거대한 경기장에 물을 가득 채우고 배를 띄워 해전을 보여 주기도 했지요.

로마는 어떤 나라인가?

로마가 다른 나라와의 전쟁에서 승리한 전투의 생생한 모습을 로마 시민들에게 보여 주는 것이랍니다. 경기의 관람료는 무료였어요.
콜로세움은 로마의 상징이자 자부심이었어요.
"콜로세움이 서 있는 한 로마도 서 있으리라, 콜로세움이 무너지는 날이면 로마도 무너지리라. 로마가 무너지면 세상도 무너지리니."라는 말이 있을 정도였지요.

로마는 하루아침에 세워지지 않았다

공화정의 전통을 만들었어요

처음 로물루스가 나라를 세웠을 때, 로마는 작은 왕국이었어요. 왕은 절대 권력을 가졌고, 나라의 중요한 일은 원로원과 의논했지요. 이 시대를 로마의 왕정 시대(기원전 753년~기원전 509년)라고 하지요. 그런데 로마의 마지막 왕은 엄청난 폭압으로 로마 시민들을 괴롭혔어요.

로마 시민들은 왕을 쫓아내고 직접 나라를 운영하기로 했어요. 이 시기를 로마 공화정(기원전 509년~기원전 27년)이라고 해요.

★**폭압** 폭력으로 억압하는 것을 말해요.

로마는 어떤 나라인가?

그만 싸워. 이제 로마는 황제가 다스린다.

로마 공화정은 시민들이 뽑은 두 명의 집정관이 공동으로 나라를 다스렸어요. 하지만 권력을 지키려는 귀족들과 새로운 권리를 얻어 내려는 평민들 간의 싸움으로 사회는 혼란스러워졌어요. 그러자 뛰어난 군사력과 정치력을 가진 로마의 장군들이 스스로 황제가 되었어요. 이때를 로마 제정 시대(기원전 27년~기원후 476년)라고 해요.

오늘날까지 이어지는 로마의 축제

아주 오래전 사람들은 모든 자연물에는 영혼이 깃들어 있다고 믿었어요. 로마인들도 마찬가지였지요. 자신들이 믿던 전통적인 야누스, 베스타 신들도 있었어요. 고대 사회에서 신들에게 제사를 지내는 건 큰 축제였어요. 대표적인 축제로 '사투르날리아'라는 축제가 있어요.

사투르누스는 농업의 신인데, 로마인들은 12월에 사흘 혹은 일주일가량 풍작을 기원하는 제사를 지냈어요. 주로 양초나 인형 같은 선물을 주고받고 술과 고기를 실컷 먹고 춤추며 놀지요. 주인과 노예가 서로 옷을 바꿔 입고, 노예가 주인을 놀려도 다 받아 준답니다. 이러한 전통은 이후 오늘날의 크리스마스와 카니발 가면 축제로 이어졌어요. 축제 기간에는 맛있는 음식과 휴식을 즐기고, 서로 선물을 교환하면서 행복을 기원하지요.

신들이 사는 집, 판테온

영토가 커지면서 로마는 다른 나라의 종교, 즉 이방인의 신들도 받아들였어요. 가장 먼저 에트루리아 사람들로부터 그리스의 신들이 들어왔지요. 모방하기를 좋아하였던 로마 사람들은 그리스 신화를 그대로 받아들였어요. 신의 능력이나 역할은 그대로 두고 이름만 로마식으로 바꿨어요. 예를 들어 신들의 왕 제우스는 유피테르가 되고, 지혜의 여신 아테나는 미네르바로, 바다의 신 포세이돈은 넵투누스로 바꾸는 식이었지요.

로마는 어떤 나라인가?

판테온

어서 와. 여기 신축이야.

그리스에서는 개개인이 신의 축복을 받기 위해 신에게 제사를 지냈지만, 로마에서는 국가의 번영과 이익을 위해 제사를 지내는 경우가 많았어요. 그래서 황제나 관리들이 제사를 주도하였고 시민들은 이러한 종교 의식에 모두 참석해야 했지요. 로마의 신들에게 바쳐진 신전 가운데 가장 유명한 건물은 판테온˚이에요.

★판테온 모든 신을 위한 신전이라는 의미예요.

다양한 동방의 종교가 로마로 들어왔어요

로마 공화정 말기에는 더욱 다양한 신들이 들어왔어요. 이집트에서 들어온 풍요와 결혼의 여신 이시스, 페르시아에서 들어온 진리와 빛의 신인 미트라, 소아시아에서 들어온 자연의 여신 키벨레 등이 로마에서 인기가 많았지요. 그중에서 미트라는 어둠과 악을 물리치는 승리의 신이였기에, 로마의 군인들은 특히나 좋아했어요.

이후 로마의 제정 시대에는 헬레니즘 문화★의 영향으로 황제들도 신처럼 숭배하는 문화가 퍼지기 시작했어요. 황제는 헤라클레스 같은 영웅이거나 신의 후손처럼 받아들여졌지요. 보통은 황제가 죽은 이후 새로운 황제가 선대 황제의 신전과 그를 기념하는 건축물을 지어 바쳤어요.
그런데 죽기도 전에 스스로를 신이라고 생각한 칼리굴라 같은 황제도 있었어요. 칼리굴라 황제는 주변 사람들에게 매우 잔인하게 굴었다가 자신을 지켜 주던 근위병에게 죽었답니다.

★**헬레니즘 문화** 알렉산드로스 대왕이 대제국을 건설한 이후 정복 지역에서 나타난 문화로, 그리스 문화를 바탕으로 오리엔트 문화가 융합된 형식이지요.

로마의 국교가 된 크리스트교

이러한 분위기 속에서 새롭게 들어온 크리스트교는 유일신 신앙으로 인해 로마의 박해를 받기도 했어요. 로마의 신들에게 제사를 지내지 않았고, 황제에게 충성을 맹세하지도 않았기 때문이었지요. 그런데 콘스탄티누스 황제가 꿈에서 십자가를 본 뒤 전투에서 크게 승리한 일이 있었어요. 이 일을 계기로 콘스탄티누스 황제는 크리스트교를 공식적으로 인정하는 밀라노 칙령을 내렸어요. 교회를 짓고 크리스트교 성직자들에게는 세금도 받지 않았어요.

로마는 어떤 나라인가?

이후 392년에 테오도시우스 황제는 크리스트교를 로마 제국의 국교로 선포했지요. 크리스트교는 국가의 보호를 받으며 크게 성장했고, 다른 신들을 모셔 왔던 신전은 크리스트교의 신전으로 바뀌었어요. 크리스트교는 중세 시대에도 큰 영향력을 행사하며 오늘날까지 세계의 주요 종교로 자리 잡고 있지요.

로마에 가면 로마법을 따르라

로마 공화정을 이끌어 낸 12표법

로마는 그들이 점령한 수많은 민족에게 자치권은 보장해 주었지만, 반드시 자신들의 법과 통치에 따르도록 했어요. 이때 만들어진 법률에 관한 기본 원칙들은 오늘날까지 계속 이어지고 있답니다. 로마법은 인류에게 남긴 가장 훌륭한 유산 중 하나이지만 처음에는 아주 작은 권리에서부터 시작되었어요.

로마는 어떤 나라인가?

외부의 침략으로부터 로마를 지켜 낸 평민들이 정치에 참여할 권리를 달라고 했어요. 그 결과 평민들은 귀족들을 견제할 수 있는 호민관을 뽑을 수 있게 되었지요.

그러다가 기원전 450년경, 로마 평민들은 시민의 권리를 문자로 기록해서 법으로 만들어 달라고 했어요. 자신들의 요구를 들어주지 않으면 전쟁터로 나가 싸우지 않겠다고 했어요. 이렇게 만들어진 것이 로마 최초의 성문법인 '12표법'이에요. 평민들에게는 여전히 불평등한 법이었지만 12표법은 로마 공화정을 이끄는 기틀이 되었어요.

귀족과 평민의 차별이 없어진 호르텐시우스법

평민들의 불만은 많았지만 로마의 귀족들은 자신들의 특권을 좀처럼 포기하지 않았지요. 그런데 켈트족의 침입으로 로마는 큰 위기에 놓이게 되었어요. 귀족들이 평민들에게 고개를 숙일 수밖에 없었지요. 그래서 기원전 367년에 리키니우스·섹스티우스법이 만들어졌어요. 이 법은 로마를 통치하는 두 명의 집정관 중 한 명을 평민 중에서 뽑게 한 거예요. 이제 평민도 귀족처럼 최고의 관직에 오를 수 있게 되었지요.

귀족과 평민의 법적 차별이 없어진 건 기원전 287년에 만들어진 호르텐시우스법 이후이지요. 원로원의 허가 없이 평민들의 결의가 법으로 인정받게 되었지요. 나라를 지키기 위해서는 평민들의 힘이 필요하고, 그 대가로 로마 평민들은 자신들의 법적인 권리를 요구했던 거예요.

모든 사람에게 적용된 〈유스티니아누스 법전〉

로마 공화정 시대에 만들어진 법률은 제정 시대 이후 더욱 발전했어요. 로마는 영토를 점점 넓혀 갈수록 수많은 민족을 만났고, 그들을 통치하기 위해 그 지역의 관습법도 받아들였어요. 이탈리아반도 안의 시민들에게만 적용되었던 법이 로마의 통치를 받는 모든 주민에게 적용되는 만민법으로 발전하게 되었지요. '로마에 가면 로마법을 따르라'는 말이 나온 것도 이때였어요.

로마는 어떤 나라인가?

이러한 로마법은 6세기 유스티니아누스 황제 시기에 집대성되었어요. 유스티니아누스 황제는 기존에 흩어져 있던 로마법을 체계적으로 정리하여 〈유스티니아누스 법전〉을 발표했어요. 공적인 법과 사적인 법이 분리되어 있다는 점이 인상적이지요. 이러한 로마법은 중세의 교회법과 더불어 보통법으로 불리며, 근대 국가의 법 형성에도 큰 영향을 끼쳤어요.

로마법은 유럽뿐만 아니라 전 세계에 영향을 주었단다.

로마 이야기 놀이터

로마는 그리스의 다양한 신뿐만 아니라 다른 민족의 신들도 받아들였어요. 신들이 사는 판테온을 상상하면서 나만의 판테온을 그려 보아요.

청동기 시대부터 인류는 국가라는 공동체를 만들기 시작했어요. 가족과 친족들이 모여 살던 씨족 사회에서 더 큰 집단인 부족 사회가 만들어지고, 여러 부족들이 동맹하여 나라를 세웠지요. 이들에게는 서로를 하나로 뭉쳐 주는 강한 연대감이 필요했어요. 그래서 각 나라마다 어떻게 나라를 세웠는지 알려 주는 건국 신화가 있답니다.

로마는 독특하게도 두 개의 건국 신화를 가지고 있어요. 작은 도시 국가 로마를 세웠던 로물루스와 그의 조상 아이네이아스 이야기이지요.

이탈리아반도로 돌아온 아이네이아스

트로이를 떠나 새로운 나라를 세워라!

기원전 1200년 전 트로이의 왕가에 아름다운 청년이 있었어요. 미의 여신 비너스가 그 청년과 사랑에 빠져 아들을 낳았는데, 그가 바로 아이네이아스였지요. 하지만 트로이는 그리스와의 오랜 전쟁에서 지고 말았어요. 거대한 트로이의 목마를 성안으로 끌고 들어왔기 때문이지요.

신화를 넘어 역사 시대로

트로이의 성이 불탈 때, 아이네이아스는 신의 예언을 들었어요.
"여신의 아들이여, 그대의 조상이 살았던 고향 이탈리아반도로 가세요.
트로이를 떠나 그곳에서 새로운 나라를 세우세요."
아이네이아스는 자신을 따르던 사람들을 데리고 불타는 트로이를 빠져
나왔어요. 그리고 새로운 나라를 찾아 지중해로 배를 띄웠답니다.

라비니움을 건설한 아이네이아스

아이네이아스는 트로이의 수많은 난민을 데리고 지중해를 떠돌아다녔어요. 오랜 모험 끝에 아이네이아스는 이탈리아 라티움 지역에 이르렀어요. 라티움의 왕은 아이네이아스 일행을 크게 반겼어요. 오래전부터 라티움에는 외부인과 결혼을 하면 나라가 크게 부흥할 거라는 신탁★이 있었기 때문이었지요. 라티움의 왕, 라티누스는 아이네이아스를 자신의 딸 라비니아와 결혼시키려 했어요.

★**신탁** 인간이 해결하기 어려운 문제에 대해 신에게 물었을 때, 신이 들려주는 대답을 뜻해요.

신화를 넘어 역사 시대로

하지만 라비니아에게는 이미 약혼자가 있었답니다. 파혼을 당한 공주의 약혼자는 화가 나서 아이네이아스와 결투를 벌였어요. 치열한 결투 끝에 아이네이아스가 이겼어요. 그래서 아이네이아스는 라티움 지역에 라비니움이라는 도시를 세울 수 있게 되었지요. 마침내 아이네이아스는 '새로운 트로이를 세워라'는 사명을 이루게 된 것이지요.

알바롱가의 왕이 된 아이네이아스의 아들

아이네이아스가 죽고 난 후 그의 아들 아스카니우스가 후계자가 되었어요. 그즈음 라비니움은 라틴계 사람들과 이주해 온 트로이인들로 인해 도시가 붐비게 되었어요. 그래서 아스카니우스는 알바산 기슭에 새로운 도시, 알바롱가를 건설하게 되었어요. 알바롱가는 라비니움의 식민 도시였지만 아스카니우스는 이곳을 수도로 삼고 라틴계의 중심 도시가 되게 했어요.

신화를 넘어 역사 시대로

400여 년 후, 알바롱가에서는 왕위를 두고 두 형제의 다툼이 있었어요. 처음에는 형인 누미토르가 왕이 되었지만, 뒤이어 동생 아물리우스가 형을 몰아내고 새로운 왕이 되었지요. 동생 아물리우스는 형의 자식들 중 아들은 죽이고, 딸인 실비아는 베스타 신전의 사제로 만들었어요.

베스타는 불과 아궁이의 여신이에요. 신전의 사제들은 신을 모셔야 하기 때문에 결혼할 수 없었지요. 하지만 실비아는 전쟁의 신 마르스와 사랑을 나누어 쌍둥이 아들을 낳았어요.

늑대 젖을 먹고 자란 로물루스와 레무스

아물리우스는 불같이 화를 내며 실비아를 죽이고 쌍둥이도 죽이려고 했어요. 하지만 한발 먼저 쌍둥이들은 바구니에 담겨져 테베레강으로 둥둥 떠내려가고 있었어요. 강물을 따라 떠내려가던 바구니는 팔라티노 언덕 기슭에 닿았어요. 바구니 속 쌍둥이는 배가 고파 엉엉 울었어요. 그 울음소리를 듣고 한 어미 늑대가 다가왔어요. 어미 늑대는 쌍둥이를 데려가 자신의 젖을 먹여 가며 키웠어요.

신화를 넘어 역사 시대로

어느 날, 근처의 한 양치기가 새끼 늑대들과 함께 놀고 있는 쌍둥이를 보게 되었어요. 양치기는 쌍둥이를 자신의 집으로 데려가 키웠어요.
이 쌍둥이들이 바로 로물루스와 레무스예요.
로물루스와 레무스는 씩씩하고 늠름한 청년으로 자랐어요.

로마 이야기 배움터

베스타 신전의 신성한 불

로마에는 신성한 불을 지키던 베스타 신전이 있었어요. 베스타 여신은 초기에는 각 가정의 아궁이 불을 지키는 여신이었으나 점차 나라의 성스러운 불을 만드는 여신이 되었답니다. 베스타의 불꽃은 결코 꺼져서는 안 되는 신성한 불이었어요.

베스타 신전의 신녀는 대체로 높은 귀족 가문의 미혼 여성이었지요. 로마는 신녀들을 매우 신성하게 대우했지만, 만약 성스러운 불을 꺼뜨리거나 순결의 맹세를 어기면 산 채로 땅에 묻기도 했어요.
베스타 신전의 불은 로마 초기부터 천 년 이상 계속 타오르다가, 크리스트교가 로마의 국교가 되면서 불이 꺼지게 되었어요. 그로부터 얼마 지나지 않아 서로마는 멸망했답니다.

어머니의 복수를 한 로물루스와 레무스

로물루스와 레무스는 자신들이 살던 지역의 우두머리가 되었어요. 그들은 소와 양을 키우는 양치기였는데, 다른 지역의 양치기들이 영역을 넘어왔어요. 로물루스와 레무스는 배상을 받기 위해 그들의 지도자를 찾아갔어요.

신화를 넘어 역사 시대로

그런데 그들은 서로를 바라보면서 깜짝 놀랐어요. 너무 닮았던 거예요. 다른 지역의 지도자가 바로 동생에게서 왕위를 뺏기고 쫓겨난 누미토르였지요.
로물루스와 레무스는 외할아버지인 누미토르에게서 자신의 출생과 어머니의 죽음에 대한 이야기를 들었어요.
로물루스와 레무스는 외할아버지와 함께 알바롱가로 쳐들어갔어요.
어머니 실비아를 죽인 아물리우스 왕에게 복수를 한 후 다시 고향으로 돌아왔답니다.

팔라티노 언덕에 자리를 잡은 로물루스

고향으로 돌아온 로물루스와 레무스는 자신들도 새로운 도시를 건설하기로 했어요. 로물루스와 레무스는 테베레강 근처의 일곱 개의 언덕에서 독수리가 날아다니는 모습을 보고 자리를 잡았어요. 로물루스는 팔라티노 언덕을, 레무스는 아벤티노 언덕을 자신들의 영역으로 삼았어요. 그들은 서로의 구역을 침범하지 않기로 했는데, 레무스가 약속을 지키지 않았어요.

신화를 넘어 역사 시대로

화가 난 로물루스는 결국 동생인 레무스를 죽이고 말았어요. 이때가 기원전 753년이었지요. 로물루스는 자신의 이름을 따서 도시 이름을 '로마'라 정하고, 로마의 왕이 되었어요.

로마가 건국될 당시 이탈리아반도에는 우수한 문명과 기술을 가진 그리스와 광산을 개발하여 부유한 에트루리아라는 큰 세력이 있었어요. 로마는 그 안에서 아주 작은 라틴계 도시로 시작을 했답니다.

로물루스가 로마를 세우다

신화를 넘어 역사 시대로

로마의 왕이 된 로물루스

로마의 왕은 공동체를 대표하는 사람이지 특별한 존재는 아니에요. 그러나 일단 왕이 되면 절대적인 권력을 가진답니다. 왜냐하면 신에게 제사를 지내고, 신의 말씀을 전할 수 있는 권리가 왕에게 있다고 믿었기 때문이지요. 그래서 로마의 왕이 된 로물루스는 가장 먼저 도시의 영역을 나타내는 경계를 만들고 신에게 제사를 지냈어요. 로마의 시민들은 자발적으로 왕에게 복종을 맹세했지요.

로마는 테베레강 동쪽 일곱 언덕으로 이루어진 나라예요. 이 언덕을 지키기 위해 왕은 군대를 모집할 수 있었어요. 시민들은 군인으로서 왕에게 충성을 다하기 때문에 따로 세금을 낼 필요는 없었어요. 그래서 왕은 오직 자신의 사유 재산과 토지, 그리고 무역을 통해 수입을 얻었답니다.

63

원로원과 민회를 만들었어요

로물루스 왕은 자신을 왕으로 지지해 준 100개 가문의 어른들을 따로 모아 원로원을 만들었어요. 그리고 로마 시민들의 모임인 민회도 만들었지요. 로마의 왕은 종신*이지만, 그 후계는 원로원과 민회에서 결정한답니다. 원로원에서 왕의 후계자를 선택하면, 민회가 이를 투표하여 결정하는 거죠. 원로원은 왕의 정책을 검토하거나 왕에게 조언을 해 주는 역할도 했어요.

★**종신** 일생을 다할 때까지를 말해요.

민회는 언제든 무장을 하고 전쟁터로 나가 나라를 지킬 수 있는 남자들의 모임이었어요. 나라를 지킬 수 있는 남자라는 건 적어도 전쟁에 필요한 무기를 구입할 수 있다는 뜻이에요. 만약 너무 가난해서 무기를 구할 수 없다면 민회에 들어가 투표할 자격도 없다는 것이지요.

민회에서는 주로 공공의 일을 하는 관리들을 다수결의 원칙에 따라 투표로 뽑았어요. 전쟁의 승인과 왕의 제안에 대해 거부할 수 있는 권리도 있었지요.

로마 이야기 배움터
가부장적인 로마 사회

로마의 원로원과 민회는 고대 로마의 강력한 가부장적인 가족 제도를 본떠 만들어졌어요. 아버지가 집안의 보호자가 되고, 가족들은 그의 말에 절대적으로 따라야 했지요. 평등한 관계는 아니었어요. 대개 아버지로서의 보호 의무보다는 아들이 아버지에게 복종해야 하는 의무가 더 강한 사회였지요. 아버지가 아들을 노예로 팔 수도 있었답니다.

로마는 이러한 보호자와 보호를 받는 피보호자 관계가 촘촘하게 연결된 사회였어요. 보호자는 사회적으로 신분이 우월한 귀족들로, 피보호자들에게 은혜를 베풀어야 해요. 가령 피보호자가 어떤 문제로 재판을 받아야 할 때면 보호자가 그를 적극적으로 보호해 준답니다. 피보호자들은 자신의 보호자가 선거에 나간다면 적극적으로 지지해야만 했어요.
보호자와 피보호자의 연대 의식은 로마 사회의 가장 바탕이 되는 공동체 의식이었어요.

카피톨리노 언덕으로 오라!

로마는 주변 다른 도시 국가들에 비해 인구가 너무 적었어요. 로마의 일곱 언덕에 사는 사람들은 기껏해야 3천 명 정도였으니까요. 어떻게 하면 인구를 늘릴 수 있을지 고민하던 로물루스는 카피톨리노 언덕으로 올라가는 골짜기를 신성한 숲이라고 선언하면서 도망자들의 피난처를 제공했어요. 이 숲으로 들어온 사람은 아무도 잡아갈 수 없다는 뜻이지요.

그러자 서서히 많은 사람이 로마로 들어왔어요. 로물루스는 이들의 과거나 출신 따위는 묻지도 않고 모두 로마 시민으로 받아들였어요. 문제는 로마로 들어온 사람들 대부분이 남자라는 거예요. 정착하여 가정을 꾸리려면 결혼을 해야 하는데, 여자들이 너무 없었지요. 그래서 로물루스와 원로원은 머리를 맞대고 엄청난 음모를 꾸몄어요.

사비니 여인들을 약탈해 왔어요

로마인들은 한 해 동안 농사를 열심히 지어 많은 양의 곡식을 거두어들였어요. 그들은 추수와 저장의 신인 콘수스를 기리는 콘수알리아 축제를 크게 열었어요. 그리고 이웃 부족들을 축제에 초대했지요.

"함께 축제를 즐깁시다. 술과 음식을 잔뜩 마련하였으니 오셔서 즐거운 시간을 보내세요."

신화를 넘어 역사 시대로

이웃 부족, 특히나 사비니족 사람들이 축제에 많이 왔어요. 그들이 술을 먹고 흥청망청 놀 동안 로마의 남자들은 몰래 사비니족 여자들을 납치했지요. 그리고 강제로 결혼을 해 버렸답니다. 오늘날의 관점에서 보면 깜짝 놀랄 일이지만 고대의 역사를 보면 이러한 약탈혼은 종종 있었어요.

★**약탈혼** 원시 시대에 다른 부족의 여인을 빼앗아 결혼하는 걸 말해요.

사비니 여인들이 전쟁을 멈추게 했어요

사비니족 남자들은 당연히 화가 났지요. 자신들의 누나와 여동생을 돌려달라고 했지만 로마 남자들은 그럴 마음이 전혀 없었어요. 결국 사비니족과 로마는 치열하게 전쟁을 했답니다. 로마인들은 필사적으로 전투에 임했고 승리했어요. 하지만 사비니인들도 결코 포기할 수 없었어요. 또다시 전투가 치열해지자 납치당했던 사비니족 여인들이 전쟁터로 달려 나갔어요.

신화를 넘어 역사 시대로

"싸움을 멈추세요. 사랑하는 아버지, 오라버니 그리고 나의 남편이자 아이들의 아버지여, 제발 그만하세요."
"저희는 그 누구의 피도 보고 싶지 않습니다."
"우리의 아이들을 할아버지 없는, 아버지 없는 아이들로 자라게 하고 싶은가요?"
사비니족 여인들은 전쟁이 치러지는 동안 이미 로마에 정착해서 아이들을 낳고 가정을 이룬 거예요.

사비니와 결합하여 더 큰 도시 국가가 되었어요

로마와 사비니족은 전쟁을 멈추었어요. 로물루스 왕과 사비니족의 타티우스 왕은 공동으로 나라를 다스리기로 했어요. 나라 이름은 로마로, 로마의 시민은 '퀴리테스'라고 불렀어요. 퀴리테스는 사비니의 도시인 쿠레스의 이름에서 가져왔어요. 또한 사비니의 귀족도 원로원에 들어왔어요.

신화를 넘어 역사 시대로

로마는 부족별로 사는 지역에 따라 3개의 구역으로 나뉘었어요. 그런데 공동으로 나라를 통치하기 시작한 지 5년 뒤 사비니의 타티우스 왕이 죽었어요. 그가 죽은 이후 로물루스 왕은 홀로 로마를 다스렸어요.

로마의 시민권을 나눠 주었어요

로물루스 왕은 로마의 구역별로 각각 기사 100명과 보병 1,000명을 모았어요. 로마 군단의 핵심인 백인대(켄투리아)가 이때 만들어진 것이지요. 이를 바탕으로 로물루스 왕은 주변 국가들을 차례차례 정복해 나가기 시작했어요. 고대의 전쟁은 침입한 적을 물리치거나 적의 땅과 재산을 빼앗는 경우가 많았어요. 하지만 로물루스 왕의 정복 전쟁은 조금 달랐어요.

신화를 넘어 역사 시대로

로물루스 왕은 정복한 국가의 주민을 죽이거나 노예로 만들지 않았어요. 오히려 로마의 시민권과 땅을 나누어 주었어요. 시민권을 나눠 주어 그들도 로마인이 되게 했던 거예요. 누구든지 로마에 대해 협력할 마음이 있다면 기꺼이 로마의 시민으로 받아 주었답니다. 이러한 전통 때문에 로마는 여러 민족이 함께할 수 있는 제국으로 성장할 수 있었어요. 로물루스 왕은 기원전 715년, 폭풍이 치던 어느 날 홀연히 사라졌다고 해요.

로마 이야기 놀이터

테베레강 언덕에 로마가 세워진 이야기를 살펴보았어요. 아래 그림을 보고 일어난 순서대로 번호를 적고, 빈칸에 자신만의 이야기를 만들어 보세요.

고대 사회는 강력한 지배자가 사회를 통치하는 게 일반적인 시대였어요. 하지만 로마는 왕 한 사람에 의한 통치가 아니라 시민들이 함께 의논하여 통치하는 공화정을 만들었어요. 왕정에서 공화정으로 나아가는 약 250년 동안 일곱 명의 왕이 있었어요. 이 일곱 왕의 시대에 로마의 가장 기본이 되는 가치와 제도가 만들어졌어요. 신들을 공경하는 의례나 인간이 가져야 하는 덕목, 이름 짓는 방식, 건축 기술 등이지요.

로마 왕정 시대

사회 질서를 잡은 누마 왕

로마의 왕이 된 누마 폼필리우스

로물루스 왕이 사라진 후 로마 원로원은 사비니 출신의 누마 폼필리우스를 제2대 왕으로 세웠어요. 그는 숲속에 은둔해 살다가 왕이 되었는데, 신에 대한 신앙심이 매우 높았답니다. 당시 로마에서는 도시를 새로 짓거나 중요한 정책을 결정하려면 신에게 그 뜻을 물어보아야 했어요. 로마에서는 주로 새를 통해 점을 치거나 신에게 제사를 드리면서 신의 뜻을 해석했지요.

로마 왕정 시대

누마 왕은 신에게 어떤 방식으로 경배를 드릴지, 제사의 방법과 절차 등을 가르쳐 주었다고 해요. 제사를 담당할 신관과 신녀의 직책도 만들었어요. 대신관과 사제는 민회에서 투표로 뽑았어요. 신들에게 체계적인 계급도 만들어 주었지요. 마르스, 유피테르, 그리고 퀴리누스가 로마인들이 모셔야 할 최고의 신이었어요. 이런 체계화된 방식들은 군사 조직이나 일상생활에서도 규범이 되고 법이 되었답니다.

83

야누스 신전을 지었어요

누마 왕은 가장 먼저 야누스에게 바치는 신전을 지었어요.

야누스는 이탈리아반도에서 전통적으로 모셔 왔던 신으로, 집이나 성의 출입문을 지킨답니다. 그런데 야누스는 두 개의 얼굴을 가지고 있어요. 앞과 뒤, 두 개의 얼굴 중 한쪽은 평화를 사랑하는 문명인의 모습이고, 또 다른 한쪽은 피와 폭력으로 얼룩진 짐승의 모습을 상징해요.

로마 왕정 시대

야누스 신전의 문은 전쟁 중에는 열어 두고 평화로울 때는 닫아 놓았어요. 누마 왕이 다스렸던 43년 동안은 야누스 신전의 문이 단 한 번도 열린 적이 없었어요. 누마 왕이 전쟁 대신 주변 국가와 평화 협정을 잘 맺었기 때문이었지요. 물론 이러한 평화는 선대왕인 로물루스가 무력으로 주변 국경 지역을 잘 정리한 덕분이기도 하지요.

열두 달 달력을 만들었어요

누마 왕은 야누스 신전을 만들면서 새로운 달력도 만들었어요. 그때까지 로마는 한 해의 시작을 봄(3월)으로 보고, 1년을 열 달과 겨울로 생각했어요. 그런데 누마 왕이 겨울이라는 기간에 새로운 두 달을 넣어 1년을 12개월로 만든 거예요. 새로 만든 1월은 한 해의 문을 연다는 의미로 야누스 신에게 바쳤어요. 그리고 2월은 페브루아리우스 축제를 기념하여 만들었지요.

로마 왕정 시대

페브루아리우스 축제는 새로운 봄을 맞이하기 위한 축제랍니다. 로물루스와 레무스가 늑대 젖을 먹고 자랐다는 동굴에 가서 제사를 지내고, 염소 가죽으로 채찍을 만들어요. 사람들은 채찍질을 하면서 도시 곳곳을 돌아다녀요. 채찍을 맞으면 한 해 동안 묵은 몸과 마음이 깨끗해진다고 믿었어요. 그 이후에 젊은 남녀들은 곧 다가올 봄을 기다리면서 즐겁게 놀았어요.

분열된 로마를 조합으로 통합했어요

고대 사회는 혈연을 바탕으로 한 씨족, 씨족을 바탕으로 한 부족들이 만들어진 국가였어요. 그러다 보니 사람들은 부족별로 같은 지역에 모여 살았고, 어떤 일을 할 때에도 어느 부족 출신인지를 따졌지요. 누마 왕은 이렇게 씨족과 부족으로 나뉘어 있는 로마인들을 직업으로 뭉치게 했어요. 농부들에게는 각 지역에 '파기'라는 공동체가 있었는데, 이를 본떠서 기술자들에게 각각의 조합을 만들도록 한 것이지요.

그 결과 로마에는 소그룹의 목수 조합, 대장장이 조합, 염색공 조합, 음악가 조합 등이 생겨났어요. 사는 곳도 혈연이 아니라 직업의 조합에 따라 정해졌어요.

씨족을 중요시하는 전통은 남아 있었지만 로마인들은 자신의 공동체를 우선시하는 마음이 생겼어요. 물론 로마 시민의 최고 미덕은 '로마'라는 국가 공동체를 최우선하는 마음이었지요.

로마 왕정 시대

대장장이 조합

염색공 조합

음악가 조합

조합은 달라도 우리는 하나.

89

로마 이야기 배움터

로마에 그리스 신화가 들어왔어요

로마는 북쪽의 에트루리아인들을 통해 그리스 신들을 알게 되었어요. 자신들만의 고유하고 체계적인 신화가 없었던 로마인들은 그리스 신화를 그대로 받아들였어요. 그리스의 최고신 제우스가 로마에서는 유피테르로 이름만 바뀌었지요.

로마의 종교는 개인에게 엄격한 신앙 행위를 요구하진 않아요. 사람들은 신들에게 축복받기 위해, 혹은 신의 분노를 사지 않기 위해 제사를 지낸답니다. 제사를 받아 만족한 신들이 그 대가로 사람들에게 계시를 내려 준다고 믿었지요. 제사를 지내고 나서 사람들은 신께 바친 소나 말, 돼지 같은 공물을 함께 먹기도 했어요. 물론 저승의 신들이나 마네스에게 드리는 공물은 먹을 수 없었어요. 저승의 신께는 공물들을 완전히 불태우는 번제를 드렸기 때문이지요.

★**마네스** 고대 로마에서 지하 세계의 신들을 가리키는 말이에요.

알바롱가를 통합한 툴루스 왕

툴루스 왕이 권력을 이어받았어요

누마 왕이 죽자 원로원에서는 왕의 후보를 뽑았어요. 라틴족의 툴루스와 사비니의 마르키우스였어요. 로마의 민회는 나이가 많은 마르키우스보다는 젊은 툴루스를 왕으로 선택했지요. 로마의 세 번째 왕이 된 툴루스는 로물루스와 누마로부터 많은 땅을 물려받았어요.

로마 왕정 시대

툴루스 왕은 그 땅을 자신을 지지해 주었던 가난한 사람들에게 나누어 주었어요. 로마 시민이라면 누구나 다 집이 있어야 한다면서 집을 지을 수 있는 건축비도 지원해 주었어요. 로마 시민들은 툴루스 왕에게 열렬한 찬사를 보냈지요. 툴루스 왕은 이러한 시민들의 지지를 바탕으로 또다시 정복 전쟁을 시작했어요.

알바롱가와 전쟁을 했어요

알바롱가와 로마의 전쟁은 아주 작은 사건으로부터 시작되었어요. 알바롱가와 로마의 국경 지대에 있던 농민들 사이에서 다툼이 일어났어요. 싸움에서 진 로마의 농민들은 툴루스 왕에게 달려가 자신들의 억울함을 하소연하였어요. 툴루스 왕은 곧장 야누스 신전의 문을 열었어요. 로마의 시민들이 군대로 모여들었어요.

로마 왕정 시대

알바롱가 역시 군대를 일으켰으나, 생각보다 많은 로마군을 보고 깜짝 놀랐어요. 알바롱가의 왕은 로마와 전쟁을 하고 싶진 않았어요. 그래서 두 나라에서는 대표로 세 명의 전사를 뽑아 이들의 결투로 전쟁의 승패를 가리자고 했어요. 합의를 본 두 왕은 각각 자기네 군대로 돌아가 최고의 전사 3인을 뽑았어요. 알바롱가 왕은 쿠리아티우스 삼 형제를 뽑고, 로마에서는 호라티우스 가문의 삼 형제를 뽑았어요.

호라티우스 가문의 비극이 된 결투

결투에 나선 두 가문의 형제들은 서로를 보고는 깜짝 놀랐어요. 로마의 호라티우스와 알바롱가의 쿠리아티우스는 친척이었거든요. 그들은 어린 시절을 알바롱가에서 함께 보냈고, 서로의 누이와는 결혼까지 약속한 사이였지요. 하지만 자신은 물론 각자의 나라를 위해서라도 절대 질 수 없는 결투였어요. 치열한 결투 끝에 로마 호라티우스 가문의 마르쿠스가 승리했어요.

로마 왕정 시대

승리의 소식을 들은 로마 시민들은 마르쿠스를 열렬히 환호했답니다. 마르쿠스의 여동생은 개선 행진을 보며 매우 기뻐하다가 곧 얼어붙고 말았어요. 오빠가 승리의 전리품으로 챙긴 피 묻은 옷이 약혼자의 옷임을 알아챘으니까요. 마르쿠스의 여동생은 비명을 지르며 통곡했어요. 그러자 마르쿠스는 화가 났어요.

신들은 죄를 싫어하시니 용서를 구하라

"너는 어찌하여 조국의 승리를 기뻐하지 않는 것이냐. 그렇게 슬프면 너도 네 약혼자가 있는 곳으로 가거라."

마르쿠스는 이렇게 외치면서 자신의 여동생을 죽여 버렸어요. 여동생의 시신도 거두지 않고 길거리에 그대로 내버려 두었답니다. 그러자 로마 시민들이 그녀를 가엾이 여겨 장례를 치러 주었어요.

몇몇 로마 시민들은 마르쿠스가 여동생을 죽인 것은 명백히 잘못된 일이라고 생각했어요. 그래서 그를 살인죄로 법정에 고발했답니다. 로마 시민에 대한 재판은 왕이 해야 하지만 툴루스 왕은 이 일을 민회에 맡겼어요. 전쟁 영웅인 마르쿠스를 처벌하기 곤란했지만 잘못을 그냥 넘어갈 수도 없었으니까요. 로마의 민회에서는 그가 저지른 죄를 신들께 용서받는 제사를 지내라고 했답니다.

알바롱가가 배신했어요

한편 고작 한 번의 짧은 결투로 패전국이 된 알바롱가의 시민들은 몹시 화가 났어요. 로마에 많은 배상금을 물게 한 책임이 왕에게 있다고 여겼지요. 원망이 점점 커지자 알바롱가의 왕은 에트루리아인들을 꼬드겼어요.
"지금 로마로 쳐들어가면 틀림없이 자네들이 승리할 텐데……."
알바롱가의 꼬드김에 넘어간 에트루리아인은 로마를 공격했지만 결국 실패했답니다.

알바롱가가 모두 불탔어요

로마의 군대는 도시 곳곳을 파괴하며 불을 질렀어요. 487년의 긴 역사와 함께 주변의 식민 도시를 가진 알바롱가는 이렇게 불길 속으로 사라졌답니다.
자신의 터전을 떠나 새로운 도시로 옮기는 건 고통스러운 일이었어요. 하지만 로마로 끌려간 알바롱가의 시민들은 로마 시민이 되었고, 귀족들에게는 원로원의 의석도 주었답니다. 전쟁에서 패한 도시의 주민들이 노예가 되는 건 훗날 에트루리아계의 사람이 왕이 된 이후부터였지요.

로마 왕정 시대

알바롱가와의 합병으로 로마는 힘이 아주 세졌어요. 인구도 두 배 이상 늘었고, 알바롱가의 군사도 로마의 병력이 되었으니까요. 로마는 그 힘을 바탕으로 알바롱가가 가지고 있던 식민 도시들마저 차지했답니다. 마침내 로마는 이탈리아반도 중부 라틴 계열의 우두머리가 되었어요.

그게 제사냐?!

툴루스 왕이 죽었어요

툴루스 왕은 나이가 들면서 종교에 깊이 빠졌어요. 하지만 제2대 누마 왕과는 달리 신에게 어떻게 제사를 지내야 하는지 잘 알지 못했대요. 엉터리로 제사를 지내는 툴루스 왕을 보고는 유피테르 신이 벼락을 쳐서 툴루스 왕을 죽였다고 해요.

또 다른 이야기가 있는데, 사실 툴루스 왕을 죽인 건 신의 벼락이 아니라 암살이라는 거예요. 암살한 사람은 안쿠스 마르키우스. 그는 누마 왕의 외손자일 뿐만 아니라 툴루스 왕의 친구이기도 했지요.

지지직

로마 왕정 시대

비바람이 몰아치던 어느 밤, 안쿠스는 자신을 따르는 사람들과 함께 몰래 툴루스 왕을 찾아갔대요. 그들은 왕과 그의 가족, 하인들을 모두 죽이고 불을 질러 증거를 모두 불태웠다고 해요. 그러고는 툴루스 왕이 벼락을 맞아 죽었다고 소문을 퍼뜨렸다는 것이지요. 어느 이야기가 진짜인지는 모르지만 로마인들은 툴루스 왕의 끊임없는 전쟁에 지쳐 있는 상태였어요.

오스티아 항구를 건설한 안쿠스 왕

원로원은 안쿠스를 왕으로 뽑았어요

툴루스 왕이 죽은 후 원로원은 왕의 후보로 누마 왕의 외손자인 안쿠스 마르키우스를 뽑았어요. 민회에서도 원로원의 결정을 승인하고 신관으로 하여금 신의 계시, 즉 점도 쳐 보았답니다. 그가 왕을 죽였다는 흉흉한 소문도 있었지만, 다행히 점괘는 좋았어요. 소문은 곧 사그라졌지요.

만약 그가 툴루스 왕을 살해했다면 신들께서 죄인을 왕좌에 앉힐 리 없다는 믿음 때문이었지요. 안쿠스 왕은 그의 외할아버지 누마처럼 사회를 안정시키는 데 뛰어났을 뿐만 아니라 전쟁을 지휘하는 장군으로도 능력이 탁월했어요. 또한 그는 로마에 처음으로 수로를 건설하고 식민지 오스티아를 만들기도 했어요.

로마 사회가 안정되었어요

안쿠스 왕은 가장 먼저 툴루스 왕이 폐지했던 누마 왕의 종교 의례와 제도를 부활시켰어요. 종교 생활을 열심히 하면 사람들이 좀 더 부드러워질 거라 생각했거든요. 당시 로마는 전쟁에 너무 익숙해져 사람들이 툭하면 싸웠답니다. 그래서 그는 군인들을 집으로 돌려보내 농사를 짓게 했지요. 그러자 흐트러져 있던 행정 제도도 다시금 체계가 잡혔어요.

하지만 주변 다른 나라들이 로마를 자꾸만 건드렸답니다. 슬금슬금 국경을 넘어와 로마 작물을 약탈하기 시작한 거예요. 안쿠스 왕은 그들에게 배상금을 요구했지만 다른 나라의 지도자들은 오히려 그를 비웃었어요.
"우리와 평화 조약을 맺은 이는 툴루스 왕이지, 안쿠스 왕이 아니다."
안쿠스 왕과 로마를 무시하는 행동이었지요.

안쿠스 왕이 선전 포고를 했어요

로마는 맹세의 수호를 담당하는 신전의 사제를 통해 선전 포고를 했어요. 이때부터 전쟁 시작 전에 선전 포고를 하는 전통이 생겼어요. 안쿠스 왕은 아주 용맹하고 전략 전술에서도 뛰어났어요. 로마는 무서운 기세로 주변 다른 도시 국가들을 정복해 나갔어요. 전쟁에서 지고 살아남은 사람들은 어쩔 수 없이 로마 시민이 되어야만 했지요.

로마 왕정 시대

이처럼 로마가 같은 라틴계의 도시 국가들과 전쟁을 벌이는 사이, 에트루리아 사람들도 전쟁을 하고 있었어요. 서로가 서로를 잡아먹으려는 정복 전쟁에 로마도 끼어들었어요. 전쟁에서 승리한 로마는 엄청난 배상금을 받거나 에트루리아인들이 세운 도시들도 차지하기 시작했어요. 로마는 점점 힘이 세졌어요.

수로 공사가 시작되었어요

전쟁의 승리로 로마의 인구는 크게 늘어났어요.
문제는 이들이 살 만한 땅이 부족하다는 거였지요.
언덕을 깎아서 집을 지을 수밖에 없었어요. 그런데 계속해서
집을 짓다 보니, 언덕의 흙들이 밀려 내려와 저지대로 쌓였어요.
이런 흙모래들로 인해 테베레강의 범람은 더 심해졌고, 저지대는
거의 늪지대가 되었어요.
안쿠스 왕은 저지대의 물을 빼는 대대적인 배수로 공사를 시작했어요.
그리고 깨끗한 물이 들어올 수 있는 수로를 만들었지요.

★**범람** 큰물이 흘러넘치는 걸 뜻해요.

로마 왕정 시대

이때 만든 수로를 통해 처음으로 로마에 물을 공급하게 되었지요. 그러자 저지대에도 사람들이 살기 시작했어요. 저지대의 공사는 이후 타르퀴니우스 왕의 대규모 개발 사업을 통해 '포룸 로마눔'으로 탄생하게 되었답니다.

오스티아에 항구를 만들었어요

안쿠스 왕은 정복 전쟁으로 영토를 넓혀 가면서 오스티아까지 차지했어요. 오스티아는 테베레강 하류에 있는 작은 어촌 마을로 지중해와 맞닿아 있어요. 안쿠스 왕은 여기에 항구를 만들고 소금 사업을 시작했어요. 소금은 매우 귀중한 물건이었어요. 금만큼이나 소중해서 화폐로도 사용되었고, 나중에는 로마 병사들의 월급으로도 사용되었지요. 오스티아에 항구가 만들어지고, 테베레강에 다리가 놓이자 이곳은 곧 상업 활동의 중심지가 되었어요.

로마 왕정 시대

뿐만 아니라 안쿠스 왕은 오스티아 항구의 상인들을 해적이나 강도들로부터 적극적으로 보호했답니다. 오스티아 항구를 통해 로마는 다양한 민족들과 활발히 교류했어요. 로마는 그들의 발달된 기술과 문화를 받아들이는 데 전혀 거리낌이 없었고, 이곳으로 모여든 물자는 모두 로마로 들어갔어요.

왕의 신임을 받은 타르퀴니우스

안쿠스 왕이 통치하던 로마는 이전보다 훨씬 살기 좋아졌어요. 나라는 튼튼했고, 오스티아 항구를 통해 들어온 상인들로 인해 도시는 활기가 넘쳤답니다. 그런 안쿠스 왕의 곁에는 에트루리아에서 온 타르퀴니우스 프리스쿠스라는 사람이 있었어요. 그는 많은 돈을 바치고 로마 시민권을 획득한 외국인이었지만, 왕과 함께 전쟁터로 나가 많은 공을 세웠어요.

로마 왕정 시대

그는 돈도 많고 친절해서 로마 사람들에게 인기가 많았어요. 안쿠스 왕 역시 그를 매우 신임하여 자신의 어린 두 아들을 그에게 맡기고 죽었답니다.
안쿠스 왕의 아들들은 자기들이 자라면 왕이 될 거라고 생각했어요. 하지만 로마의 왕이 된 사람은 타르퀴니우스였지요. 그는 라틴인도 아니고 사비니인도 아니었어요. 외국인이나 마찬가지였던 에트루리아인이 선거 운동을 통해 왕이 된 거예요.

로마 이야기 배움터

로마인들이 만든 도시

로마는 새로운 영토를 정복하면 가장 먼저 튼튼한 군대의 막사를 짓는답니다. 군대 막사를 중심으로 새로운 도시가 탄생하지요. 로마인이 건설한 도시에는 반드시 광장과 수도, 교량, 신전과 극장들이 있어요.

광장 주변에는 '바실리카'라고 불리는 공공건물들이 들어서고, 황제가 지시한 거대 건축 기념물도 세우지요. 도시가 완성되면 도시의 책임자는 신전에서 제사를 지내고, 극장이나 원형 경기장 곳곳에서 성공을 축하하는 축제가 열려요.
로마 사람들이 세운 도시는 경제와 정치, 종교의 중심지로 누구나 살고 싶어 하는 곳이었어요. 로마는 아시아와 유럽까지 세력을 넓혀 갔지요. 로마 군대가 머무는 곳은 언제나 로마를 본떠서 도시를 세웠어요. 영국의 런던과 프랑스의 파리도 그렇게 만들어진 도시랍니다.

로마 이야기 놀이터

호라티우스 가문의 마르쿠스가 알바롱가와의 결투에서 승리하고 돌아왔어요. 그 장면 속에 숨어 있는 그림을 다섯 개 찾아보아요.
(숨은 그림: 팽이, 종이비행기, 방패연, 부엌칼, 달팽이)

로마는 외부의 문화와 기술을 받아들이는 데 매우 적극적이었어요. 기원전 6세기경 에트루리아인들이 로마의 왕이 되고 나서부터는 로마 사회가 더욱 크게 변했어요. 농업과 목축이 기본이었던 로마 사회가 상업 국가로 바뀌었지요. 에트루리아 출신 왕들은 왕권을 강화하고, 군대를 개혁하여 로마를 중부 이탈리아에서 가장 강력한 국가로 만들었어요.

에트루리아계의 로마 왕들

발달된 문화를 들여온 타르퀴니우스 왕

선거를 통해 로마의 왕이 되었어요

안쿠스 왕이 죽자, 타르퀴니우스 프리스쿠스는 로마를 돌아다니며 사람들에게 자신을 왕으로 뽑아 달라고 했어요. 원로원에서는 감동적인 연설도 했지요. 마침내 그는 왕의 후보가 되었고 민회는 그를 왕으로 받아들였어요. 사람들은 그가 로마 최초로 선거 운동을 통해 왕이 된 사람이라고 해요.

에트루리아계의 로마 왕들

타르퀴니우스 왕은 로마에 발달된 에트루리아의 문화를 들여왔어요. 로마인의 상징 같은 토가도 에트루리아 사람들이 입었던 옷이었지요. 로마 시내에는 아치형으로 만든 큰 건물들이 들어섰어요. 로마를 가로지르는 거대한 하수도 시설도 이때부터 만들어졌어요. 로마의 문화와 경제가 크게 발전하기 시작한 거예요.

정복한 도시의 시민을 노예로 삼았어요

타르퀴니우스 왕의 정복 전쟁은 이전과는 많이 달랐어요. 자기들이 점령한 도시를 파괴하고 그 도시의 시민들을 노예로 삼았어요. 전쟁으로 빼앗은 많은 전리품은 모두 로마의 병사들이 나누어 가졌어요. 겁을 먹은 주변 도시들은 로마와 '라틴 동맹'을 맺어 사이좋게 지냈어요.

에트루리아계의 로마 왕들

타르퀴니우스 왕은 에트루리아인들과도 전쟁을 많이 했어요. 피해가 컸던 에트루리아인들은 로마와의 싸움을 빨리 끝내고 싶어 했지요. 북쪽에 있는 켈트족이 언제든지 침략해 올 수 있었으니까요. 에트루리아 출신인 타르퀴니우스 왕은 이런 사정을 잘 알고 있었지요.

"나는 누구도 죽이지 않을 거고 배상금도 받지 않을 거요. 땅은 그대들의 소유이고, 지금 모습 그대로 통치도 하시오. 다만 에트루리아의 주권은 로마로 가져오시오."

왕권의 상징과 화려한 개선식이 생겼어요

에트루리아인들은 타르퀴니우스 왕의 제안에 따랐어요. 그래서 파스케스와 황금 왕관, 독수리 장식이 달린 지팡이, 상아로 된 옥좌 그리고 화려한 수가 놓인 자주색 토가를 가지고 왔어요.

타르퀴니우스 왕은 왕권을 상징하는 이 물건들을 원로원과 민회에 보내 자신이 사용해도 되는지를 물었어요.

★**파스케스** 나무로 된 몽둥이 다발에 묶인 도끼로, 권력을 상징해요.

원로원과 민회의 시민들은 만장일치로 찬성했지요. 타르퀴니우스 왕이 전쟁에서 이기고 돌아올 때는 화려한 개선식도 열어 주었어요. 개선식에서 황금관을 쓰고 자주색 옷을 입는 전통은 이때부터 만들어졌답니다. 로마가 공화정으로 바뀐 이후에도 계속되었어요. 오늘날에도 왕관과 지팡이는 왕권의 상징이기도 하지요.

로마 이야기 배움터

에트루리아식으로 이름을 지은 로마인

로마인들은 이름도 에트루리아의 방식대로 지었어요. 보통 '개인 이름 – 씨족 이름 – 가문 이름'으로 짓지요. 가끔 뒤에 칭호가 붙어 네 개의 이름을 가지는 경우도 있어요. 남자 이름으로는 주로 가이우스, 마르쿠스, 루키우스 등이 인기였지요. 그런데 첫째 아들은 아버지의 이름을 그대로 따라 부르기 때문에 로마에는 같은 이름이 너무 많았어요. 그래서 개인 이름 대신 별명으로 불리기도 했답니다.

가장 유명한 로마인으로는 '가이우스 율리우스 카이사르'가 있지요. 그의 이름을 풀어 보면 율리우스 씨족 출신의 카이사르 가문의 가이우스라는 뜻이에요. 하지만 그의 아들이 황제의 칭호를 받은 이후 카이사르는 황제를 가리키는 칭호가 되었어요.

여자 이름은 누구네 집 딸이라는 뜻으로 율리우스 집안의 여자들은 율리아, 클라우디우스 집안의 여인은 클라우디아, 툴리우스 집안의 딸은 모두가 툴리아로 불렸답니다.

저지대가 포룸 로마눔으로 바뀌었어요

타르퀴니우스 왕은 건축가와 기술자들을 불러 모았어요. 로마의 일곱 언덕 사이에 있는 저지대를 본격적으로 개발하기 위해서였지요. 기술자들은 아치 형태의 건축 기술을 가지고 와서 로마의 신전과 공공 건축물들을 만들기 시작했어요. 늪지대였던 저지대가 '포룸 로마눔'이라 불리며 로마의 중심지가 되었어요.

에트루리아계의 로마 왕들

포룸 로마눔은 점점 웅장한 건물들과 상가들이 많아졌어요.
이곳에서는 재판과 형벌이 이루어져 죄인의 시신이 내걸리기도 하고
장례식 같은 공식 행사들도 열렸어요. 또한 로마와 주변 다른 도시 국가와의
결속을 다지기 위해 제례 의식도 치렀어요. 포룸 로마눔은 점차적으로
종교와 교역의 중심 장소가 되었지요.

유피테르 신전과 전차 경기장을 지었어요

카피톨리노 언덕에도 집 짓기 공사가 한창이었어요. 그런데 땅속에서 많은 사람의 유골이 나왔어요. 아주 오래전 영웅이라 불리던 사람들의 유적지였던 거예요. 사람들은 카피톨리노 언덕을 '세계의 머리'라고 부르면서 로마의 중심지로 삼았어요. 타르퀴니우스 왕은 유피테르, 유노, 미네르바 등의 신전을 지어 신에게 바쳤어요.

에트루리아계의 로마 왕들

또한 팔라티노 언덕과 아벤티노 언덕 사이 골짜기에는 거대한 경기장도 만들었어요. 말타기 시합이 잘 보이도록 경기장 주변에 계단을 높이 쌓았어요. 오늘날의 경기장에 있는 관중석이 바로 이때부터 만들어진 거랍니다. 로마 시민들이 열광하는 전차 경주가 본격적으로 시작된 것이지요. 이후 제7대 타르퀴니우스 2세 왕 때 더 높고 많은 관중석을 만들어 대경기장이 완성되었어요.

타르퀴니우스 왕이 암살되었어요

타르퀴니우스 왕은 로마를 위해 많은 일을 했고, 그 덕분에 로마는 크게 발전했어요. 하지만 전왕이었던 안쿠스의 두 아들들은 불만이 많았어요. 그들은 한평생 타르퀴니우스 왕을 비난했어요. 왕위에서 쫓아내려고 수많은 음모와 사건을 저지르기도 했지만 번번이 실패하고 말았지요.
그런데 어느 날, 한 무리의 사람들이 궁 밖에서 소란을 피웠어요.

에트루리아계의 로마 왕들

타르퀴니우스 왕이 무슨 일인가 싶어 밖으로 나오자 사람들은 왕의 머리를 치고 달아났어요. 안쿠스 왕의 두 아들이 시킨 일이었지요. 마침내 안쿠스 왕의 두 아들은 암살에 성공했지만, 로마의 새 왕은 되지 못했어요. 로마의 새로운 왕은 놀랍게도 노예 출신으로 전쟁에서 큰 공을 세워 왕의 사위가 된 세르비우스였어요.

군대를 개혁한 세르비우스

은근슬쩍 왕이 되었어요

타르퀴니우스 왕이 암살된 후, 왕비는 그의 죽음을 숨겼어요.
"흉악한 암살 시도가 있었지만 다행히 크게 다치지는 않았어요. 왕께서 회복되는 동안 세르비우스가 왕의 임무를 대신할 겁니다."
세르비우스는 가장 먼저 왕을 암살하려 했던 안쿠스 왕의 두 아들을 처벌했어요. 시민들은 왕이 아직 살아 있음에 안심했어요.

에트루리아계의 로마 왕들

세르비우스는 왕의 일을 대신하면서 서서히 권력을 잡기 시작했어요. 그는 계속된 전쟁으로 가난해진 서민들의 많은 빚을 없애 주었고, 로마의 민회에서는 그를 왕으로 대우했어요. 이런 사태를 지켜본 원로원은 당황했지요. 왕 후보를 선택하지도 않았는데, 그가 먼저 왕 노릇을 하고 있었으니까요.

세르비우스 성벽을 세웠어요

세르비우스 왕은 정당한 절차를 거쳐 왕위에 오른 게 아니었어요. 그 때문인지 세르비우스 왕은 항상 시민들에게 유리한 정책을 실행했답니다. 전쟁으로 획득한 공공의 토지를 개인이 사용하지 못하게 하고, 귀족들에게는 많은 세금을 물렸어요.

그동안 로마에 포함되지 않았던 비미날레와 에스퀼리노 언덕을 집 없는 사람들에게 나누어 줌으로써 일곱 언덕은 모두 로마의 영역에 들어가게 되었어요. 또한 세르비우스 왕은 일곱 언덕 주변에 성벽을 쌓았답니다. 성벽 밖에 있는 주거지는 아무런 보호를 받지 못해 쉽게 약탈될 수 있었거든요. 로마를 지키는 이 성벽을 사람들은 '세르비우스 성벽'이라고 불렀어요.

로마 시민들을 늘렸어요

로마인들은 노예를 정당한 수단으로 얻어 낸 개인 재산으로 여겼어요. 대부분의 노예는 전쟁에서 포로로 잡힌 사람들이었지요.

그들은 신체의 자유가 없을 뿐, 개인 재산이나 가족을 가질 수도 있었고 심지어 노예가 노예를 소유할 수도 있었어요. 뛰어난 재주나 학문, 기술을 가진 학자나 기술자도 많았지요.

노예 출신으로 왕이 된 세르비우스는 로마 시민들에게 충실한 노예한테는 자유를 선물하라고 적극적으로 권유했어요. 자유를 얻기 위해서 노예들은 주인에게 더 충실히 봉사할 것이고, 해방된 노예에게서 태어난 청년들은 로마 시민권을 얻을 테니, 로마는 병사들이 넘쳐 날 거라고 주장했지요. 무엇보다 자신을 지지해 주는 평민 출신의 로마 시민이 늘어나면 왕은 그만큼 힘이 더 강해지기 때문이에요.

인구 조사를 바탕으로 군대를 개혁했어요

세르비우스 왕은 로마를 구역별로 나누어 제례를 지내게 했어요. 제례를 관리 감독하는 감독관을 두어 해마다 로마의 인구도 계산했답니다. 모든 로마인의 이름을 등록하고 재산은 화폐 단위로 신고하게끔 했어요. 이러한 인구 조사와 시민들이 제출한 재산을 바탕으로 세르비우스 왕은 군대의 계급을 여섯 등급으로 나누었어요. 귀족과 평민을 구별하지 않았지요.

에트루리아계의 로마 왕들

군부대도 전위, 본대, 후위로 나뉘었어요. 전위 부대가 적을 흩트리고, 주력 부대인 중무장의 본대가 밀어붙이면 거기에 후위 부대가 지원하는 전술을 선보였지요. 이렇게 훈련된 로마의 병사들은 압도적인 위력을 가지게 되었답니다. 덕분에 로마는 주변의 그 어떤 도시보다 더 강력한 나라가 되었어요.

부자에게는 더 많은 투표권을 주었어요

세르비우스 왕은 테베레강을 향해 펼쳐져 있는 습지대를 간척해 그곳을 마르스 광장이라고 불렀어요. 마르스는 전쟁의 신이에요. 마르스 광장은 로마 군단의 집결지로 이용되었고, 민회의 투표장이기도 했어요. 세르비우스 왕이 이룬 업적 중 가장 높이 평가받는 것은 군대의 개혁이에요.

돈이 없으니 투표를 못 하네.

에트루리아계의 로마 왕들

군대를 일으키는 데 필요한 돈, 즉 세금을 내고 국가를 지키는 것은 국민의 권리이자 의무였어요. 로마인들은 많은 의무를 진 사람이 많은 권리를 가지는 게 당연하다고 생각했어요. 그러다 보니 군대의 개혁은 곧 투표권의 변화로 이어졌어요. 민회의 투표권도 재산에 따라 차등이 생겨났고, 부자들은 자신들에게 유리한 법을 만들기 시작했어요. 가난한 사람들이 서서히 정치에서 밀려나기 시작했지요.

원로원의 인정을 받지 못했어요

세르비우스 왕은 44년 동안 로마를 안정적으로 다스렸어요. 하지만 그는 원로원의 인정을 받지 못하고 왕이 되었다는 사실이 늘 마음에 걸렸어요. 그랬기에 언제나 원로원 귀족들의 권리를 줄이고, 스스로 왕권도 제한했답니다. 그의 이러한 노력 덕분인지 로마 시민들은 늘 세르비우스 왕을 지지했어요. 세르비우스가 알지 못했던 위험은 바로 자신의 가족에게 있었지요.

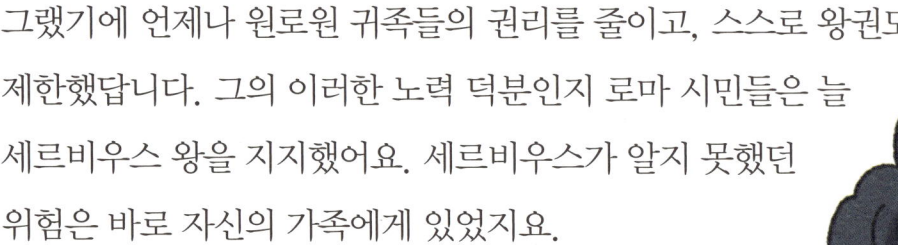

에트루리아계의 로마 왕들

세르비우스 왕에게는 툴리아라는 딸이 있었는데, 그는 자신의 딸을 선대왕이었던 타르퀴니우스의 손자와 결혼을 시켰어요. 하지만 딸과 사위는 야심이 많았어요. 세르비우스를 몰아내고 자기들이 로마의 왕이 되고 싶었어요. 타르퀴니우스 2세와 툴리아는 자신들의 지지 세력을 모으기 시작했어요. 결국 세르비우스 왕은 딸과 사위에게 죽임을 당하고 말았지요.

폭정을 일삼은 타르퀴니우스 2세

거만한 타르퀴니우스가 독재를 휘둘렀어요

타르퀴니우스 2세는 자신의 후견인이자 장인이었던 세르비우스를 죽이고 스스로 왕위에 올랐어요. 원로원과 민회의 투표 따위는 실시하지도 않았어요. 로마 사람들은 그를 거만한 타르퀴니우스라고 불렀어요. 불안했던 왕은 경호 부대를 만들어 밤낮으로 자신을 지키도록 했지요.

에트루리아계의 로마 왕들

타르퀴니우스 2세 왕은 자신의 마음에 들지 않는 사람은 죽이고, 말을 잘 듣는 사람을 원로원 의원으로 앉혔지요. 왕은 자기 멋대로 법을 없애거나 기분 내키는 대로 판결을 내리기도 했어요. 자신을 비판하는 사람들은 죽이고 재산도 뺏었지요. 로마 시민들은 이러한 일이 자신과는 상관없는 귀족들의 일이라 여겼어요. 하지만 로마 시민들의 삶도 서서히 고달파지기 시작했답니다.

배수로 공사와 신전 건축에 몰두했어요

타르퀴니우스 2세 왕은 선대왕 세르비우스가 만든 법들을 모조리 없애 버렸어요. 왕에게 돈이 필요할 때면 귀족과 평민 모두가 같은 세금을 내게 했지요. 또한 사람들이 모여 있는 곳에는 항상 염탐꾼을 보냈어요. 염탐꾼들은 불평을 터뜨리는 사람은 왕에게 일러바쳤어요. 많은 사람이 잔인하고 가혹한 판결을 받았어요.

에트루리아계의 로마 왕들

타르퀴니우스 2세 왕은 자신의 할아버지 타르퀴니우스가 시작했던 일들을 마무리 짓고 싶었어요. 테베레강까지 연결하는 거대한 배수구를 완성하고, 유피테르의 신전도 완성하고 싶었지요. 그래서 로마 시민들은 쥐꼬리만 한 곡식을 받고 공사장에서 일해야 했어요. 하수로를 파고 그 위로 아치를 세웠으며 열주 회랑★을 만들었어요. 로마 시민들의 고통은 점점 커져만 갔답니다.

★**열주 회랑** 벽 없이 여러 개의 기둥만으로 지붕을 연결시킨 통로로, 궁전이나 종교 건축물에서 볼 수 있어요.

시민들의 불안과 공포를 전쟁으로 해결했어요

로마 시민들의 불안과 공포는 갈수록 커졌어요. 타르퀴니우스 2세 왕은 이것조차 전쟁으로 해결하려 들었지요. 그는 자신의 딸을 힘세고 부유한 라틴 국가에 시집을 보냈어요. 사위의 호의를 얻은 타르퀴니우스 2세 왕은 다른 라틴 국가와도 동맹을 시도했지요.

"그가 어떻게 로마의 왕이 되었는지 봐라. 이런 자와는 동맹을 맺을 수 없다."
반대도 많았지만 타르퀴니우스 2세 왕은 속임수와 탐욕으로 라틴 동맹을
맺을 수 있었답니다. 그렇게 얻은 군사 동맹으로 타르퀴니우스 2세 왕은
주변의 부유한 도시 국가들을 침략하기 시작했어요. 그는 끊임없이 전쟁을
일으켰어요. 타르퀴니우스 2세 왕에게 반발하는 로마 시민들이 점점 늘어
갔지요. 하지만 모두들 그가 두려워 꼼짝할 수 없었어요.

전쟁이 길어졌어요

타르퀴니우스 2세 왕은 전쟁에 익숙한 사람이었어요. 그가 로마를 통치하는 동안 여러 식민 도시를 만들기도 했어요. 하지만 속임수와 책략에 능했던 타르퀴니우스의 행운은 오래가지 않았어요.

왕은 자신을 따르던 사람들과 함께 아르데아라는 도시를 공격하고 있었지요. 로마에서 도망쳐 온 사람들을 받아 주었다는 게 침략의 이유였어요.

에트루리아계의 로마 왕들

하지만 아르데아는 용감하게 맞섰고, 로마 군인들은 계속된 전쟁에 지쳤어요. 로마에서도 전쟁 비용을 계속해서 감당하는 게 너무 힘들었어요. 전쟁이 길어지면 으레 그렇듯 땅은 황폐해지고 곡식과 물자는 부족해지니까요. 언제든 로마에 반란이 일어나도 이상할 게 없는 지경이었어요.

로마 이야기 놀이터

에트루리아인들이 로마의 왕이 되고 나서부터 로마 사회는 큰 변화를 맞이했어요. 왕의 이름과 업적을 알맞게 연결해 보세요.

타르퀴니우스

세르비우스

배수로 공사와 신전 건축에 몰두했어요.

열두 달 달력을 만들었어요.

타르퀴니우스 2세

누마

선거 운동을 통해 로마의 왕이 되었어요.

인구 조사를 바탕으로 군대를 개혁했어요.

기원전 509년, 로마인들은 왕을 쫓아내고 공화정을 만들었어요. 공화정의 아버지라 불리는 브루투스는 사람들에게 로마에 절대 왕을 세우지 않겠다고 맹세했지요.

로마인들은 그들이 만든 공화정의 전통을 매우 자랑스럽게 여겼어요.

지금도 이탈리아 로마에서 'SPQR'이라는 글씨를 종종 볼 수 있는데, 바로 로마 공화정을 대표하는 원로원과 시민이라는 뜻이지요.

공화정의 시작

거만한 타르퀴니우스의 독재를 무너뜨리다

루크레티아가 복수를 부탁했어요

계속된 전쟁으로 로마는 점점 혼란스러워졌는데, 왕의 아들 섹스투스는 로마에서 아름답다고 소문난 루크레티아에게 빠져 급기야 그녀를 협박했어요. 루크레티아는 섹스투스의 협박에 굴복했지만, 그가 사라지자 곧장 자신의 아버지와 남편에게 연락을 했어요. 그녀는 친척들을 모아 줄 것을 요구했고, 그들에게 자신의 복수를 부탁하면서 스스로 목숨을 끊었어요.

공화정의 시작

루크레티아의 친척 중에는 브루투스라는 사람이 있었어요. 모두가 슬픔과 비탄에 빠져 통곡할 때, 브루투스는 루크레티아의 목숨을 앗아 간 단검을 들고 신에게 맹세했어요.

"거만한 타르퀴니우스의 독재를 무너뜨리기 위해 제가 할 수 있는 모든 일을 할 수 있게 해 주십시오. 저는 그들을 용서하지 않을 것이며, 끝까지 쫓아가 그들을 응징하겠습니다."

로마 시민들이 무기를 들고 일어섰어요

브루투스는 루크레티아의 시신을 포룸 로마눔으로 가져와 시민들에게 외쳤어요.

"사악한 왕가가 흘리게 한 이 죄 없는 피를 보십시오. 우리는 왕가의 폭정에 맞서야만 합니다."

로마 시민들의 분노가 들끓기 시작했어요. 그들은 손에 무기를 들고 일어났어요. 타르퀴니우스 2세 왕이 자리를 비운 틈을 타 도시를 장악했어요.

왕가의 폭정을 응징해야 합니다.

공화정의 시작

브루투스는 민회에서 로마 시민들에게 외쳤어요.

"자유를 갈망하는 로마 시민들이여, 우리는 자유와 권리를 위해 사악한 왕을 몰아내야 합니다. 앞으로는 그 어떤 왕이라 할지라도 우리를 다스리게 해서는 안 될 것입니다."

민회에서는 왕권을 폐지하고 타르퀴니우스 가문 사람들을 모두 추방하기로 결의하였지요. 250여 년간 이어져 오던 로마 왕정이 사라지고 로마 공화정이 시작되는 순간이었어요.

왕정은 사라지고 공화정이 세워졌어요

한편 반란 소식을 전해 들은 타르퀴니우스 2세는 자신의 친위 부대를 이끌고 급히 로마로 돌아왔어요. 하지만 로마 시민들은 절대 성문을 열어 주지 않았지요. 타르퀴니우스 2세는 군대로 돌아가려 했지만, 소식을 들은 로마의 병사들도 그를 거부했어요. 결국 타르퀴니우스 2세는 가비이로 달아났어요.

공화정의 시작

로마에서는 앞으로 집정관˚을 뽑아 원로원과 상의하여 나라를 통치하기로 했어요. 집정관은 1년 임기로 2명씩 선출하기로 했지요. 그래야만 개인의 독재를 막을 수 있다고 생각했거든요.

로마의 첫 집정관은 브루투스와 루크레티아의 남편인 콜라티누스였어요. 그들의 첫 임무는 타르퀴니우스 2세를 처단하는 일이었지요.

★**집정관** 로마 공화정 시대에 행정과 군사를 맡아보던 최고 관직이에요.

올바른 법질서를 위해 아들을 처형했어요

가비이로 간 타르퀴니우스 2세는 왕위를 되찾기 위해 에트루리아인의 군대를 빌려 왔어요. 그는 로마를 공격할 때 자신을 도와줄 사람들을 찾았어요. 바로 브루투스의 두 아들이었지요. 브루투스의 두 아들들은 공화정이 실패할 것이라 생각했어요. 그런데 그들이 몰래 이야기 나누는 걸 한 노예가 들었답니다. 노예는 이 사실을 곧장 브루투스에게 알려 주었지요.

타르퀴니우스 2세를 물리쳤어요

얼마 후 타르퀴니우스 2세가 로마로 공격해 들어왔어요. 로마의 집정관이 된 브루투스는 로마 인근의 숲에서 그들과 맞붙었어요. 그때 타르퀴니우스 2세의 또 다른 아들이 브루투스에게 결투를 신청했어요. 두 사람은 서로 격렬하게 싸우다가 동시에 죽었답니다.

브루투스의 장렬한 죽음으로 로마군은 투지가 끓어올랐어요. 밤새도록 이어진 전투에서 결국 로마군이 승리하고 에트루리아군은 달아났어요.

공화정의 시작

로마 시민들은 브루투스의 죽음을 슬퍼하면서 그의 동상을 카피톨리노 언덕에 세웠어요. 공화정의 영원한 발전을 지켜보라는 뜻이었지요. 그는 로마의 영웅으로 왕이 될 수도 있었지만 왕위에 오르지 않고 로마 공화정의 토대를 만들어 역사에 이름을 남겼답니다.

로마 이야기 배움터

공화정을 세운 브루투스는 누구일까?

타르퀴니우스 2세는 왕위에 오르면서 많은 사람을 죽였는데, 그때 친척이었던 브루투스의 아버지와 형도 죽였지요. 당시 나이가 어렸던 브루투스는 가족들이 죽는 것을 보고 살기 위해 바보 흉내를 냈어요. 그래서 이름이 멍청이라는 뜻의 브루투스가 되었답니다. 브루투스는 궁궐에서 하인처럼 온갖 허드렛일을 하면서 자랐어요.

그러던 어느 날 로마에 전염병이 돌자 타르퀴니우스 2세 왕의 아들들은 신전에서 제사를 지낸 후 신들에게 물었지요.
"우리들 중 누가 로마를 갖게 될까요?"
신탁이 내려왔어요.
"너희들 중 어머니와 가장 먼저 입을 맞추는 사람이 로마를 갖게 될 것이다."
타르퀴니우스 2세의 아들들은 집에 돌아가면 사이좋게 동시에 어머니의 볼에 입을 맞추자고 약속했답니다. 하지만 그 자리에 함께 있던 브루투스는 신탁의 의미를 알 수 있었어요. 어머니란 대지의 여신인 가이아를 뜻한다는걸요.
브루투스는 신전을 빠져나오자마자 발을 헛디뎌 넘어지는 척하면서 땅에 입을 맞추었답니다.

로마 이야기 놀이터

약 250년 동안 일곱 명의 왕이 로마의 기틀이 되는 제도와 질서를 만들었어요. 다음 그림을 보고 틀린 것을 두 개 골라 네모 칸에 ✔해 보세요.

툴루스 왕은 자신을 지지해 주었던 가난한 사람들에게 땅을 나누어 주었어요.

누마 왕은 가장 먼저 야누스에게 바치는 신전을 지었어요.

알바롱가와의 합병으로 로마는 힘이 더 약해졌어요.

타르퀴니우스 왕 때 다양한 왕권의 상징물과 화려한 개선식이 생겼어요.

세르비우스가 유피테르 신전과 전차 경기장을 지었어요.

정답

▼ 78~79쪽

▼ 120~121쪽

▼ 158~159쪽

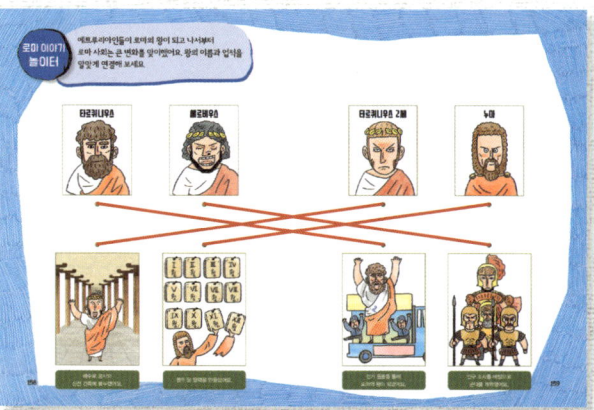

▼ 174~175쪽

〈그림으로 보는 로마 이야기〉 시리즈는 전 5권입니다.

〈그림으로 보는 세계사〉와 함께 읽어요!

1권 도시 국가 로마
2권 공화정과 포에니 전쟁
3권 개혁과 노예 반란
4권 공화정의 몰락
5권 로마 제국의 멸망

로마 제국 연표

B.C. 753 ~ 27　　A.D. 14 ~ 1453

기원전(B.C.)

753년	로물루스, 도시 국가 로마 건국
715년	제2대 왕 누마 폼필리우스, 로마의 종교 의례를 제도화함
673년	제3대 왕 툴루스 호스틸리우스, 알바롱가 왕국 통합
641년	제4대 왕 안쿠스 마르키우스, 로마에 수도관 설치. 오스티아 정복
615년	제5대 왕 타르퀴니우스 프리스쿠스, 에트루리아의 기술로 도시 로마 건설
579년	제6대 왕 세르비우스 툴리우스, 인구 조사를 실시하고 군대 개혁
534년	제7대 왕 타르퀴니우스 수페르부스, 카피톨리노 언덕에 신전 건설
509년	왕정에서 공화정으로 바뀜
494년	호민관 설치
493년	라틴 동맹 결성
449년	귀족과 평민의 대립 심화로 성산 사건 발생 로마 최초의 성문법인 12표법 완성
367년	리키니우스·섹스티우스법 제정. 평민 출신 집정관 탄생
343년	제1차 삼니움 전쟁
326년	제2차 삼니움 전쟁
312년	아피우스 가도 건설 시작
298년	제3차 삼니움 전쟁
280년	피로스 전쟁
272년	로마의 이탈리아반도 통일
264년	제1차 포에니 전쟁
259년	로마 해군, 말라이에서 카르타고군을 무찌름
221년	카르타고의 한니발, 이베리아 총독으로 부임
218년	한니발, 제2차 포에니 전쟁을 일으킴
216년	한니발, 칸나에 전투에서 승리
202년	로마의 스피키오, 자마 전투에서 승리
201년	카르타고, 로마와 평화 조약 체결
150년	카르타고, 평화 조약을 어기고 누미디아와 전쟁
149년	제3차 포에니 전쟁
146년	카르타고 멸망
133년	호민관 티베리우스 그라쿠스의 농지 개혁
123년	호민관 가이우스 그라쿠스의 곡물법, 도로법 등 개혁안 추진
111년	유구르타 전쟁. 토지법 공포
107년	집정관 마리우스의 군제 개혁 실시. 지원병제로 전환

기원전(B.C.)

100년	카이사르 출생
91년	동맹시 전쟁 발발
88년	미트라다테스 전쟁. 술라가 집정관에 선출됨
87년	술라와 마리우스의 대립으로 인한 내전
83년	술라의 로마 진격
81년	술라, 독재관에 선출됨. 술라의 공포 정치
73년	스파르타쿠스의 노예 반란
70년	폼페이우스와 크라수스가 집정관에 선출됨
67년	폼페이우스, 지중해에서 해적 소탕
64년	폼페이우스, 시리아 정복
60년	제1차 삼두 정치 형성
59년	카이사르, 집정관 취임
58년	카이사르, 갈리아 속주 총독 부임
53년	크라수스, 파르티아 원정 중 사망
51년	카이사르, 갈리아 전체를 굴복시킴
49년	카이사르, 로마 내전 시작
48년	카이사르, 디라키움 전투 패배 카이사르, 파르살루스 전투 승리 폼페이우스 사망
47년	카이사르, 클레오파트라와 동맹
46년	탑수스 전투 카이사르, 개선식 거행 카이사르, 임기 10년의 독재관 취임
44년	카이사르, 종신 독재관 취임 카이사르 암살 옥타비아누스, 카이사르의 후계자로 등장
43년	옥타비아누스, 집정관 부임 제2차 삼두 정치 형성
42년	옥타비아누스와 안토니우스, 브루투스와 카시우스 격파
40년	삼두, 브린디시 협정으로 로마를 분할 통치
36년	안토니우스, 파르티아 원정
31년	옥타비아누스, 악티움 해전 승리
27년	옥타비아누스, 아우구스투스의 칭호를 받음

기원후(A.D.)	
14년	아우구스투스 사망 티베리우스, 제2대 황제 즉위
37년	티베리우스 사망 칼리굴라, 제3대 황제 즉위
41년	칼리굴라 암살 클라우디우스, 제4대 황제 즉위
43년	로마의 브리튼 침공
49년	클라우디우스, 조카인 아그리피나와 결혼
50년	클라우디우스, 네로를 아들로 입양
54년	네로, 제5대 황제 즉위
64년	로마 대화재 발생. 네로의 크리스트교도 박해
66년	제1차 유대-로마 전쟁
68년	네로 사망
69년	4황제의 해 (갈바 ➡ 오토 ➡ 비텔리우스 ➡ 베스파시아누스)
79년	티투스 황제 계승
80년	콜로세움 완공
81년	도미티아누스 황제 계승
96년	5현제 시대 시작 (네르바 ➡ 트라야누스 ➡ 하드리아누스 ➡ 안토니누스 ➡ 아우렐리우스)
101년	트라야누스의 다키아 원정
117년	로마 제국의 영토가 최대로 확장됨
193년	로마의 황제가 근위대에 피살되는 사건이 연속적으로 일어남
212년	카라칼라 칙령으로 속주민에게도 로마 시민권을 부여
235년	26명의 군인 황제 시대 시작
250년	데키우스 황제의 크리스트교도 박해
260년	갈리아 제국, 로마에서 분리
267년	팔미라 제국, 로마에서 분리
273년	아우렐리아누스, 로마를 통일
284년	디오클레티아누스, 군인 황제 시대를 끝내고 황제 즉위
293년	디오클레티아누스, 사두 정치 시행
303년	디오클레티아누스, 크리스트교 탄압 정책 시행
305년	디오클레티아누스 황제 퇴위

기원후(A.D.)	
312년	콘스탄티누스, 로마 서방의 황제 즉위
313년	밀라노 칙령으로 크리스트교 공인
324년	콘스탄티누스, 로마 제국의 황제 즉위
330년	콘스탄티누스, 수도를 비잔티움으로 옮김
337년	콘스탄티누스 사망. 로마 제국 3등분
375년	게르만족의 이동이 시작됨
379년	테오도시우스, 로마 동방의 황제 즉위
392년	크리스트교를 로마의 국교로 선포
395년	동로마와 서로마 분리
451년	훈족, 서로마 침공
476년	게르만족의 침입으로 서로마 제국 멸망
534년	유스티니아누스, 〈로마법 대전〉 완성
962년	신성 로마 제국의 성립
1453년	오스만 튀르크에 의해 동로마 제국 멸망